Mustapha Guenaou

Kahia Tani Hadj Benali dit Allel:

Mustapha Guenaou

Kahia Tani Hadj Benali dit Allel:

L'instituteur de l'Allée des Sources (Tlemcen)

Éditions Muse

Imprint
Any brand names and product names mentioned in this book are subject to trademark, brand or patent protection and are trademarks or registered trademarks of their respective holders. The use of brand names, product names, common names, trade names, product descriptions etc. even without a particular marking in this work is in no way to be construed to mean that such names may be regarded as unrestricted in respect of trademark and brand protection legislation and could thus be used by anyone.

Cover image: www.ingimage.com

Publisher:
Éditions Muse
is a trademark of
Dodo Books Indian Ocean Ltd. and OmniScriptum S.R.L publishing group

120 High Road, East Finchley, London, N2 9ED, United Kingdom
Str. Armeneasca 28/1, office 1, Chisinau MD-2012, Republic of Moldova, Europe
Printed at: see last page
ISBN: 978-620-4-96416-4

Kahia Tani Hadj Benali dit Allel :
L'instituteur de l'Allée des Sources (Tlemcen)

Kahia Tani Hadj Benali dit Allel.
L'instituteur de l'Allée des Sources (Tlemcen)

Préface

Un beau-père ? Ce qualificatif, somme toute, très banal, mais qui sied bien à Hadj Benali KAHIA-TANI, non pas, dans ce qui est éphémère mais dans ses valeurs morales et durables.

C'était la sincérité, l'intelligence, la générosité, et le dévouement pour les autres : le tout agrémenté d'un nationalisme farouche qui, en plus de sa piété, le rendait parfait défenseur de sa patrie et de ses coreligionnaires.

En plus de son métier d'Enseignant, et n'est-il pas l'un des premiers instituteurs musulmans en Algérie, il a pris en charge le Scoutisme à Tlemcen et guidé de nombreux louveteaux, dont son fils Mustapha. Il ne s'arrêtait jamais de se dépenser pour tous les jeunes, pensant certainement à former « les futurs Hommes de Demain », de l'Algérie Indépendante.

Après son travail, il groupait certains dans sa maison, après avoir aménagé le sous-sol avec des tables d'écolier, pour leur dispenser gratuitement des cours de soutien.

Un souvenir vivace nous montre Dghine Benali, le Chahid Colonel LOTFI (Dieu ait son âme !) fils de valeureux voisins, qui trouvait un plaisir à venir côtoyer cette famille d'intellectuels et avant-gardiste.

La sollicitude de Hadj Benali KAHIA-TANI se traduisait également par sa prise en charge de Colonies de Vacances pour des enfants démunis.

Son expulsion de Tlemcen, par le Colonialisme français, vers la ville de Sidi-Bel-Abbès, l'estimant dangereux, et ce, pendant 6 ans l'a un peu éloigné de ses activités.

A l'Indépendance de notre pays, il s'est occupé des enfants de Chouhadas leur faisant goûter, dans des Colonies de vacances, les plaisirs de la mer.

Son dynamisme ne s'arrêtait jamais. Même en tant que septuagénaire, il ne s'empêchait pas d'aller au stade pour supporter quelque équipe de football. Il ne comptait que sur sa marche et refusait tout transport.

Il n'était pas loquace et se contentait d'écouter les autres, certainement pour réfléchir. Sans doute, pour lui, la parole pourrait être trompeuse. N'est-ce pas le propre de la sagesse ?

J'admirais sa belle plume à la calligraphie exemplaire et je suis consternée de la disparition du livre qu'il avait écrit, où il nous présentait les beaux sites de Tlemcen, avec à l'appui des cartes postales inédites ; l'une de ses filles l'ayant remis à certaine « compétence » pour y donner son aval, mais la conscience n'était pas au rendez-vous !

Allah yerhmak ! Brave Papa Hakim ! comme se plaisaient à l'appeler ses anciens élèves et tous qui le connaissaient, avec toujours un brin d'affection ! →

Son souvenir ne s'effacera jamais, brave H'bibi ! (cet hypocoristique, mar-quant à la fois le respect et l'affection, est encore usité dans des familles de Tlem

L'une des belles-filles
Mme KAMIA-TANI Chérifa née ALLAL

Tlemcen, jardin d'Eden

Tlemcen, me revoici de nouveau sous tes branches,
Un sortilège ici m'attire ;
Ma soif, inextinguible ailleurs, ici s'étanche,
Ici, ma nostalgie expire.

Je t'ai vue au printemps sous ta tendre couronne
De blondoyantes frondaisons.
Et je t'ai vue en août, sans fleurs et sans chansons,
Et je te revois cet automne.

Mais qu'avril t'émeraude ou qu'octobre te dore,
Que l'été fauve te consume,
A toute heure du temps, ô Tlemcen ! je t'adore,
Panacée à mon amertume.

Et puisqu'enfin j'ai vu ta paix sans simulacre
M'exorciser de ma rancœur,
De toute ma ferveur, ô Tlemcen ! je te sacre :
Sultane du Mogreb et Reine de mon cœur.

Claude-Maurice ROBERT

Kahia Tani Hadj Benali dit Allel

Source : Ismeth Kahia Tani

Présentation

Parler de Kahia Tani Hadj Benali dit Allel ….c'est évoquer le nom d'une personne, ayant poursuivi sa scolarité dans sa ville natale, Tlemcen, ancienne capitale du Maghreb central, avant d'aller compléter sa formation à l'Ecole Normale des Instituteurs de Bouzereah (Alger) pour pouvoir devenir un élève - maitre d'école, puis instituteur dans une école primaire à travers le territoire national.

Après sa formation à l'Ecole Normale des Instituteurs, il se retrouve, en 1920, dans le pays des Beni Snous et plus particulièrement dans un village des Azaïls : Tafessera. Il passa quelques années dans cette région pour être non loin de sa ville natale comme le prouve sa notice biographique, comprise dans cette publication.

Cette publication reprend son parcours qui est celui d'un instituteur, ayant longuement vécu parmi les habitants de la Qalaa et plus particulièrement du quartier de l'Allée des Sources (Tlemcen). Ce quartier est connu, voire réputé pour les vieilles familles musulmanes qui l'habitent. Parmi les enfants du quartier, il y avait un nombre de personnes dont leur nom respectif reste gravé dans l'Histoire et la Mémoire de l'Allée des Sources, d'El Qalaa, voire Tlemcen, capitale du savoir et de la culture arabo musulmane dont la musique andalouse, l'une des passions de Kahia Tani Hadj Benali.

Par la curiosité, nous voulons parler de Kahia Tani Hadj Benali dit Allel dont le projet de cette publication remonte du vivant de sa fille Zahia Kahia Tani, celle qui nous aida par une notice biographique, manuscrite et bien écrite. Malheureusement, ce document a disparu, peut-être par un mauvais classement dans nos archives personnelles. La preuve, nous n'avons pas oublié le projet que nous voulons mettre à la disposition de la recherche scientifique et de le mettre entre les mains de ceux qui s'intéressent de près ou de loin à l'Histoire et à la Mémoire des Hommes, qu'ils soient des femmes ou des hommes.

Pour ceux qui ne connaissent pas Kahia Tani Hadj Benali dit Allel, nous les invitons à feuilleter les pages de cette publication, celle qui leur permettra de refaire le chemin de cet instituteur qui avait bien marqué son passage dans les associations de sa ville natale telles que :

- Les Amis du Vieux Tlemcen
- Le Syndicat d'Initiative et du Tourisme
- Les Amis du Livre
- Nadi Essada
- Etc.

Par ailleurs, il avait fait un parcours parmi les Scouts et plus particulièrement Les Eclaireurs Français, connu par son acronyme E.F. Il avait fait partie de la section de sa ville natale et il avait également participé à de nombreuses activités et sorties, qu'elles soient des N'zahats musicales, des sorties champêtres ou des camps scouts. L'Histoire et la Mémoire sont présentes pour rappeler le parcours de Monsieur Kahia qui n'est que Kahia Tani Hadj Benali dit Allel.

Cette évocation nous renvoie principalement au passé de Tlemcen, le creuset du savoir et la pépinière intellectuelle dont faisait partie Monsieur Kahia. D'ailleurs, l'évocation de cette pépinière nous conduit à rappeler cette génération des jeunes instituteurs musulmans de la ville de Sidi Boumediène. Nombreux sont ces enfants de Tlemcen qui ont été scolarisés dans une école franco arabe d'indigènes pour devenir plus tard instituteurs dans cet établissement scolaire où ils avaient créé une association des anciens élèves de cette école, celle qui avait pris le nom de l'école Descieux, en hommage à son directeur, décédé au début du XX° siècle.

Nous souhaitons faire de même pour tous les instituteurs de Tlemcen de l'époque coloniale où l'Algérien, identifié comme indigène, avait des difficultés pour poursuivre sa scolarité et ses études secondaires et supérieures. Bien que moins nombreux, ces instituteurs avaient enseigné leur coreligionnaires et les Européens, sans oublier les autres, appelés pieds noirs avec lesquels ils partageaient les quartiers respectifs de la ville de Tlemcen.

Benali Kahia Tani et ses enfants

Source : Ismeth Kahia Tani

Présentation de

Benali dit Allel Kahia Tani (1899-1982)

Elèves de Tlemcen

Source : google.com

Issu d'une vieille famille d'origine ottomane ou kouloughlie, Benali Kahia Thani est né le 14 juillet 1899 à Tlemcen, ancienne capitale du Maghreb central. Dans cette ville, creuset de la culture arabo musulmane et du savoir andalous, il fréquente l'Ecole franco arabe pour les uns et l'Ecole des indigènes, devenu l'Ecole Décieux après la mort de ce maitre d'école, ayant longuement enseigné dans la ville et dans cette école d'où de nombreux anciens élèves sont sortis pour poursuivre leur formation d'instituteur à l'Ecole Normale de Bouzereah (Alger).

Benali dit Allel était connu dont la filiation nous a été communiquée par son petit-fils Ismeth Kahia Thani. Ce dernier le présente sous l'appellation de Allel , de son vrai prénom Benali fils Mostefa ould Benali ould Omar Kahia Thani. Celui –ci est venu depuis la Turquie jusqu'à Alger. Il avait laissé deux enfants : Benali , l'arrière-grand-père et Mansour, décédé à l'âge de 25 ans et sans postérité. Sa mère est la sœur de Si M'hamed Benturquia (1878-1934), ancien Khodja Interprète de la sous préfecture de Tlemcen : Zohra Bent Larbi Benturquia.

Le petit Allel serait inscrit vers 1905, l'année de l'inauguration de la nouvelle Medersa de l'enseignement franco – musulman dont la création remonte à 1850, avec ses sœurs jumelles de Médéa (transférée plus tard à Alger) et de Constantine. Allel fréquenta l'Ecole Decieux jusqu'en 1917, l'année où il se présenta au concours d'entrée à l'Ecole Normale de Bouzeriah (Alger). Admis la même année à l'Ecole Normale de Bouzeriah qu'il fréquenta de 1917à 1920.

A sa sortie de l'Ecole de Bouzeriah, il était diplômé pour occuper le poste d'instituteur de campagne avant de se rapprocher des centres urbains.1920 est l'année à laquelle il nommé à son premier poste d'instituteur dans le pays des Beni Snous, la région de belle famille de Zhor Kahia Thani. Dans les Beni Snous , il est nommé et installé comme instituteur à Tafesscra (Azails).

Arrivé à l'âge du service militaire, il est convoqué pour la classe de 1922. Il effectue son service militaire depuis cette année à Mascara, avant de rejoindre sa ville natale pour le terminer en 1924. Dans le cadre de ce contexte, son petit -fils, Ismeth, nous a communiqué un document afin de nous transmettre les informations du contenu d'une coupure de presse :

« Les membres et équipiers du Football Club Musulman adressent leur meilleur souhait et encouragement à Monsieur Kahia Tani Ben Ali, caporal infirmier au 10ième Tirailleurs Algériens de Mascara, actuellement affecté au 6ième Régiment des Tirailleurs à Tlemcen.

Nous espérons revoir M.Kahia Tani aux prochaines épreuves officielles. »[1]

Allel a été un sportif et footballeur à Tlemcen, comme à Mascara.

A la fin de son service militaire, en 1924, il reprend son poste d'instituteur dans le pays des Beni Snous, mais dans une autre école, non loin de celle de Tafessera : l'école primaire de Tleta où il enseigna de 1924 à 1927.

---

[1] Information parue dans la presse locale de Mascara : Réveil de Mascara du 15 septembre 1923. Document communiqué par Ismet Kahia Tani, cadre du Centre des Etudes Andalouses.

Pendant l'année de la campagne dite « Contribution volontaire » (Pour le Franc), Allel se marie, le 09 aout 1926 avec sa cousine Benturquia Khira, née le 02 mars 1909, sa cadette de dix ans. Décédée le 09 juin 1984 ,elle est la fille de Benturquia Benali et de Sary Bey Mansouria.

Dans le cadre d'un mouvement du corps enseignant, Allel est muté à Turenne (actuellement Sebra) pour enseigner de 1927 à 1930. Dans cette école, il avait bénéficié d'un logement de fonction où il avait ramené son épouse. En 1929, il est père du premier enfant, en l'occurrence Mustapha (1929-1970), ancien adjoint technicien de la santé.

Comme ses aînés instituteurs, il a été pour une dizaine d'années parmi les instituteurs de campagne. Puis, il a été rapproché de sa famille en vue de rentrer enseigner dans sa ville natale Tlemcen. Allel est devenu un instituteur de ville et il a été désigné pour occuper les postes suivants :

En 1930, l'année de la célébration du centenaire de l'occupation coloniale en Algérie, il est rapproché des siens pour être instituteur à l'Ecole Decieux où il a été élève d'enseignants musulmans. Il est resté dans cette école de 1930 à 1931, avant d'être muté à l'Ecole de la Gare pour enseigner jusqu' à 1938 parmi ses collègues musulmans.

En 1930, est créé le cercle Nadi Essaada, selon Sid Ahmed Triqui. Alors, Allel Kahia Tani a été président fondateur. Il est, par ailleurs, l'un des grands animateurs de la troupe musicale éponyme qu'il avait conduite à Oran pour une soirée musicale[2].

Pour des raisons de services, il est de nouveau, muté en 1938 à l'Ecole Decieux où il est resté jusqu'à 1951. Puis, il connait, en 1951, une promotion pour être directeur d'école. Il devient, en effet, directeur de

---

[22] Cf encadré dans le livre de Morsli Bouayad. Coupure de presse communiquée par Ismet Kahia Tani.

l'actuelle de l'Ecole Larbi Tebessi (ex Jules Bouty) jusqu' à 1956.

Ayant des démêlés avec la police française, il était contraint de quitter la ville de Tlemcen pour aller s'installer à Sidi Bel Abbes[3]. Alors, son cousin Kahia Tani Hamdan, de son vrai prénom Mohammed, père de Zhor , auteur de l'ouvrage intitulé « De Tlemcen, Allée des , à Khemis, Vallée des Beni Snous »[4], est parti s'installer au Maroc. Tous les deux étaient recherchés pour leurs activités nationalistes et le réseau du FLN. Il connait l'exil depuis 1956 jusqu'à la fin de la guerre de libération nationale.

A l'indépendance nationale, Allel Kahia Tani est détaché à l'Inspection d'académie de Tlemcen jusqu' à 1967.

Allel Kahia Tani mène« en dehors de l'enseignement une vie très active. Il est président du Nadi Essaada de 1931 de 1931 à 1938, commissaire départemental aux EDF, Directeur de colonie de vacances pendant 30 ans, Conseiller municipal UDMA, permanant au Syndicat d'Initiative du Tourisme (SIT) après sa mise à la retraite. Il est interdit de séjour de 1956 à 1961. Il effectue son pèlerinage à la Mekke en 1977.Il est décédé le 13 octobre 1982 à l'âge de 83 ans. »[5]

---

[3] Ismeth Kahia Tani, op.cit.

[4] Alger : Editions Dahlab, 2016, 243 p

[5]Cf. Morsli Bouayad, op.cit.

Témoignage du petit fils, Ismeth Kahia Tani, cadre au Centre des Etudes Andalouses -Tlemcen

SIDI_BOU_MEDINE
LIEU SAINT
CHAMBRE D'INDUSTRIE TOURISTIQUE
TLEMCEN

« Je m'excuse d'avoir tardé à vous répondre, je vais continuer à vous donner plus d'informations sur ma famille Kahia Tani dont mon grand -père Allah yerhmou Benali dit Allel(les gens l'appelaient ainsi et aussi Papa Kahia !)

« Par ailleurs, il est appelé aussi par ses enfants et ses petits-enfants Habibi. Il est né 14 juillet 1899 à Tlemcen fils de Mostefa ould Benali. Ce dernier est fils d'Omar Kahia Tani, venu de la Turquie à Alger pour servir le Dey. Omar a laissé 2 enfants, Benali l'arrière-grand-père et Mansour qui est mort à 25 ans sans enfants.

« KahiaTani Benali, mon grand-père,est aussi fils de Benturquia Zohra bent Larbi (sa mère !)

Il s'est marié le 09 aout 1926 à Tlemcen avec sa cousine Benturquia Khira, née le 02 mars 1909 à Tlemcen. Elle est la fille de Benturquia Benali et de Sari Bey Mansouria .

« Mon grand-père, Kahia Tani Benali est mort le 12 octobre 1982 à Tlemcen et ma grand-mère ,Benturquia Khira, est morte 2ans après, le 09 juin 1984 à Tlemcen.

« Je t'écris tard simplement pour te dire que je me suis aperçu que Morsli Bouayad, auteur de l'ouvrage Clin d'œil, s'est trompé dans la petite biographie de mon grand-père Kahia Tani Benali : il a travaillé comme directeur à Sabra (anciennement Turenne) et non pas à Sebdou. D'ailleurs mon père Mustapha est né le 14 mars 1929 à Sabra (Turenne).

« Je vous envoie un article que j'ai trouvé sur une page Facebook dont le contenu est comme suit :

« Directeurs école des indigènes à Sabra, fondée en 06/06/1926:

Kahia Tani Benali né le 14/07/1899 Tlemcen, nomination dans l'enseignement le 01/10/1920, muté à Sabra le 01/10/1927, a quitté ce poste le 01/10/1933 , ses successeurs sont Brixi Mustapha , Oujdi Bachir (son fils était avocat à Tlemcen) , Martiquet Léon (muté à Béni Saf) , les deux écoles qui étaient à Sabra furent fusionnées et devinrent une seule école (école de garçon " actuellement école primaire Hassaine Zitouni Sabra ". »

« Puis, je tiens à vous ajouter : « désolé, je n'ai pas beaucoup côtoyé mon grand-père puisque j'avais 18 ans, le jour de sa mort. C'était plus un rapport de respect, il était une personne pas trop bavarde.

« Toutes mes tantes et tous mes oncles sont morts ; il ne reste qu'une seule, nommée Nadjia mais je ne sais pas si elle va dire beaucoup de choses sur son père du coté professionnelle.

« Ma maman l'avait connu en tant que belle – fille.

« Je vous envoie, aussi, un article du journal "Réveil de Mascara" daté du 15 septembre 1923 mentionnant le nom de mon grand-père, qui était footballeur aussi au début 20°siecle.

Les membres et équipiers du Football-Club Musulman adressent leurs meilleurs souhaits et encouragements à M. Kahia-Tani Ben Ali, caporal infirmier au 10e Tirailleurs Algériens de Mascara, actuellement affecté au 6e Régiment de Tirailleurs à Tlemcen.

Nous espérons revoir M. Kahia-Tani aux prochaines épreuves officielles.

Le mouvement associatif

1- Nadi Essaada

Selon les sources consultées, qu'elles soient écrites ou orales, le Nadi Essaada serait créé dans le cadre d'une réponse aux festivités du Centenaire de l'occupation coloniale en Algérie, sous les initiatives de nombreux jeunes de la ville de Tlemcen dont Allel Kahia, de son vrai nom Benali Kahia Tani. Une autre information porterait sur l'origine de la création de Nadi Essaada à la suite d'une scission entre les membres des autres cercles locaux dont le Cercle des Jeunes Algériens : « Ce sont des dissidents qui, à la découverte d'une massiriya au niveau de la Kissariya, s'y sont installés. (Morsli Bouayed :p175)

C'est « Si Ali Triqui, chauffeur du notaire Melis, qui leur a procuré le local de son patron, se trouvant face au Collège de Slane (actuellement Imprimerie In Khaldoun et Bedjaoui) (Morsli Bouayed :p175)

Devant le phénomène de dissidence dans les différents cercles de la ville de Tlemcen, l'idée de création d'un nadi avait germé dans l'esprit de ces jeunes dissidents. C'est l'une des raisons qui avait encouragé l'idée d'un regroupement de toutes les tendances sociopolitiques de la ville de Tlemcen, ancienne capitale du Maghreb central.

2 - Siège du Nadi Essaada

Nadi Essaada avait connu seulement deux transferts du siège ;

1^{ière} installation

Le choix était porté sur une messiriya disponible dans le quartier d'El Kissaria

Le 1er transfert

Avec l'aide d'un membre, le siège du Nadi Essaada fut transféré dans un local, sis en face de l'actuel CEM Ibn Khaldoun, ex Collège de Slane. Il s'agit d'un ancien local de notaire, alors situé (face à l'actuel CEM Ibn Khaldoun).

Il était mitoyen du Fandouk et de l'actuelle librairie Bedjaoui et Librairie Ibn Khaldoun (Baba Ahmed)

Le second et dernier transfert

Le siège de Nadi Essaada a été trnsféré une dernière fois dans une maison, mitoyenne du cinéma Rex, aujourd'hui fermé.

3- Les activités du Nadi Essada

- **Le club Littéraire**

Il devient le siège du Club Littéraire de Nadi Essada

.

(Morsli Bouayed :p176)

- **Le 5° Congrès des Etudiants Maghrébins**

En 1935, Le Nadi Essaada avait accueilli le 5° Congrès des Etudiants Maghrébin, bien qu'il fût l'hôte de la salle des fêtes de la Mairie de Tlemcen. A la suite de la décision du Maire, le Congrès a été interrompu pour le transférer à la demande des membres et militants dont Allel Kahia au siège de Nadi Essaada. : « les travaux ont débuté officiellement en matinée dans la salle des fêtes de la mairie mais furent stoppés par le maire Valeur à la suite d'un fâcheux incident avec les congressistes. » (Morsli Bouayed :p175)

Dans le local de Nadi Essaada s'est poursuivie la tenue du Congrès ; « C'est ainsi que les assises de ce congrès se sont déroulés dans une ambiance fraternelle malgré l'exigüité du local du Nadi (certains patriotes se sont regroupés sur la terrasse alors que d'autres ont rejoint le Fondouk Bouali pour participer aux travaux des commissions du Congrès. » (idem)

L'Histoire et la Mémoire de ce Nadi nous renvoient à « cette décision inattendue(qui) a aiguisé les fibres sensibles du comité Nadi Essaada et a tenu à relever le défi avec l'appui de la population qui a manifesté une solidarité agissante. » (idem)

La clôture de ce congrès eut lieu hors de la ville de Tlemcen : dans les environs, un endroit paisible et plus particulièrement dans un jardin verdoyant « Djenan Brixi à Birouana ». lors de cet événement et cette ambiance amicale, les congressistes ont entendu et entonnés des chants patriotiques. D'ailleurs, ces chants « ont fait pleuré certaines âmes sensibles ». (idem)

Dans ce cadre, le Nadi Essaada avait honorablement accueilli :

- Les congressistes
- Les personnalités marquantes de la tenue du Congrès[6]

En présence des congressistes, des personnalités marquantes de ce congrès, des personnalités locales, des membres du Nadi Essada, ,des résolutions ont été votées telles que :

- La défense de la langue arabe
- La liberté religieuse
- L'importance de l'éducation (idem)

« Le Congrès de Tlemcen des étudiants musulmans nord africains servit admirablement le mouvement réformiste, qui devait tenir ses assises la semaine suivante -15-17 septembre. L'opinion se trouvait déjà mise en éveil. Le terrain déblayé, l'ambiance créée, on serait même tenté de penser que ce fut grâce à la manifestation estudiantine que l'idée du ' Congrès' s'imposa aux réformistes, parce que apparemment plus flatteuse et plus moderne que celle d'assemblée générale » (idem)

---

[6] In infra

- **La solidarité avec le peuple palestinien**

En 1937, Nadi Essaada « avait organisé une semaine de solidarité avec le peuple palestinien avec la remise d'une somme d'argent envoyée au Mufti, Amine El Hussaini, avec accusé de réception et remerciements de la population de Tlemcen » (idem)

- **Cours publics**

« Des cours d'arabe et d'anglais étaient dispensés par des professeurs bénévoles au niveau de la bibliothèque. » (idem).

- **Théâtre**

« Des activités théâtrales, comme la pièce 'Feth El Andalous, interprétée par le leader égyptien Mustapha Kemal.

Cette pièce théâtrale, jouée en arabe classique, interprété par Hamid Bendimerad, a fait le tour de l'Oranie avec la participation de Zine El Abidine Abou Bekr, Boumediene Ferdcheb, Kheir Eddine BenAboura et Ghouti Bentchouc. Elle obtient un succès retentissant.» (idem)

- **Musique**

Ismeth Kahia Tani m'avait communiqué cette coupure de presse dont le contenu mérite d'être relaté :

'Nadi Essaâda' à Oran

Samedi dernier, les Oranais, ont eu la bonne fortune de posséder dans leurs murs, la troupe « Nadi Essaâda » de Tlemcen, qui, sous les ordres de son distingué chef M. Kahia Tani, a donné un concert de musique arabe.

Cette compagnie d'excellents artistes qui joue souvent dans notre ville, a été pour la première fois à Oran ; elle est composée d'une section de théâtre et d'une section de musique.

Bien qu'étant tous des amateurs, étudiants pour la plupart, ils égalent les maitres en talent.

Remarqué dans la nombreuse assistance qui se pressait salle Paixhans, M. Treissac, administrateur détaché à la Préfecture, Mme et le Docteur Scaliéri, représentant M. le Maire d'Oran, MM. Ben Halima, délégué financier, Bachterzi, conseiller général, Ibrahim, secrétaire aux affaires indigènes, le représentant de M. le Commissaire central, les conseillers municipaux indigènes, Hadj Taïb ben Brahim, chef de la Confrérie Ben Tekkouk, Kessous, interprète judiciaire, Fima, Me Rolland, président de l'Amicale des Enfants de Tlemcen.

Un programme de choix permit aux auditeurs d'applaudir musiciens, chanteurs, artistes dramatiques.

Le clou de la soirée fut sans contredit « Feth El Andalous » tragédie historique en 5 actes. Présentée dans de superbes décors constitués par de riches tapis, cette pièce procura un vif plaisir aux assistants qui récompensèrent les interprètes par des applaudissements nourris et prolongés.

Félicitons M. Kahia Tani et ses musiciens de leur heureuse tentative.

« Samedi dernier, les Oranais ont eu la bonne fortune de posséder dans leurs murs la troupe 'Nadi Essada » de Tlemcn qui, sous les ordres de son distingué chef Kahi Tani, a donné un concert de musique arabe.

Cette compagnie d'excellents artistes, qui joue souvent dans notre ville s'est produite pour la première fois à Oran, elle est composée d'une section de théâtre et d'une section de musique. Bien qu'étant tous des amateurs, étudiants pour la plupart, ses membres égalaient les maitres en talent.

Remarqué dans la nombreuse assistance qui se pressait salle Paixhaus :

- M Treussac, administrateur détaché à la préfecture
- Mme et le Docteur Scalierin représentant le Maire d'Oran
- MM. Benhalima, délégué financier
- Bachterzi, conseiller général
- Ibrahim, secrétaire des Affaires indigènes
- Le représentant de M. le Commissaire central
- Les Conseillers Municipaux indigènes
- Hadj Taib Ben Brahim, chef de la confrère Ben Tekkouk
- Kessous, interprète judiciaire

- Fima.
- M.Rolland, présden e l'Amicale des enfants de Tlemcen

Un programme de choix permit aux auditeurs d'applaudir les musiciens, chanteurs, artistes dramatiques. Le clou de la soirée fut « Feth El Andalous » tragédie historiques en 5 actes.

Présentée dans de superbes décors constitués par de riches tapis, cette pièce procura un vif plaisir aux assistants qui récompensèrent les interprètes par des applaudissements nourris et prolongés.

Félicitons à M.Kahia Tani et ses musiciens de leur heureuse tentative. »

- **Sport Essaada de Tlemcen**

« L'histoire de Tlemcen a compté la présence de Nadi Essada durant 25 ans. Ce Nadi s'est fait aussi connaitre par le Sport Esssada de Tlemcen ou SET ou Equipe Essaada de Volley Ball, le plus populaire de la ville drainant 90 pour cent du public, avide (de) sport et jaloux de ses joueurs qui furent souvent mentionnés sur les colonnes du brave journal Algér Républicain (de tendance communiste) » (idem)

Le scoutisme depuis son jeune âge

Depuis son âge, Allel Kahia Tani avait rejoint le mouvement scout dans sa ville natale. Il était devenu un jeune scout des Eclaireurs de France. Ce mouvement serait l'un des premiers mouvements du scoutisme en France, qui s'est étendu dans les colonies française dont l'Algérie.

Ce mouvement serait fondé en 1911[7] par Nicolas Benoit (1875-1914), après la découverte du scoutisme en Angleterre.

Ce fondateur des Eclaireurs De France avait vécu en Algérie puisque sa famille serait installée en Afrique du Nord vers 1884. Il serait arrivé à l'âge de neuf années en Algérie où il avait passé toute son adolescence. A vingt-huit ans, il est élève officier à l'Ecole Navale, une école françaisc, militaire (Marine nationale) d'une part et de l'enseignement supérieur d'autre part.

Allel faisait partie des Eclaireurs De France (EDF), ayant respecté le modèle anglais pour les tranches d'âge. En effet, la désignation serait comme suit :

- 8 à 12 ans pour les Louveteaux
- 13-17 ans pour les Eclaireurs
- Au-delà des 17 ans pour les Routiers.

Pour l'Histoire et la Mémoire, la section algéroise des Eclaireurs de France serait lancée le 23 novembre 1913. Elle prit , plus tard, le nom de la Troupe Guynemer. Elle fut connue sous cette appellation du nom de Georges Guynemer (1894 -1917), un militaire français, un des célèbres aviateurs, les plus décorés de la premier Guerre mondiale (19614-1918).

---

[7] Les statuts des Eclaireurs De France avec son acronyme EDF le 2 décembre 1911.

Le 7 novembre 1927 fut créée la Fédération nord - africaine des Eclaires Français. Cette fédération avait pour objectif le regroupement des différentes sections des Eclaireurs Français, fondées et existantes à travers les pays du Maghreb, alors composé de :

- Une colonie française : l'Algérie
- Deux protectorats : Maroc et Tunisie.

Tlemcen aurait sa section des Eclaireurs Français où étaient des enfants européens et musulmans. Allel faisait partie de cette section de Tlemcen. A cette époque, il n'y avait eu encore de sections de scoutisme Musulman. Il a fallu attendre l'arrivée de Mohammed Bouras (1908-1941), un jeune ayant rencontré, en 1935, deux scouts égyptiens, en tournée en Algérie. D'ailleurs, la même année, il avait créé à La Casbah d'Alger, le premier groupe scout, alors baptisé du nom d' « El Falah » avec l'étiquette Scout Musulman Algérie, avec l'acronyme SMA.

Plus tard, Les Eclaireurs Français d'Algérie achetèrent un local à la Rue d'Isly (Alger) pour en faire leur siège où se tenait une permanence. Ce mouvement scout organisait des camps pour la rencontre des jeunes du scoutisme français en Algérie. A titre d'illustration, nous évoquons :

- Le camp de Tala Guilèf, en Kabylie
- Le camp de Gouraya.

Pour l'Histoire et la Mémoire de ce mouvement, la Fédération , connue sous l'appellation Fédération Nord-Africaine des Eclaireurs Français existante depuis 1927, avait réorganisé et effectué un découpage en différents district, alors constitués de plusieurs groupes scouts.

La section de Tlemcen, comme toutes les sections des Eclaireurs Français s'adressaient à cette permanence et participait à des activités scoutes des différents camps organisés.

L'initiateur de la colonie de vacances pour les enfants de Shûhada

1- Allel Kahia Tani et son implication dans la SCEVESA

Avec son ancienneté dans le domaine des activités scoutes de son groupe des Eclaireurs Français, Allel Kahia Tani avait acquis une forte expérience, celle qui lui avait permis d'initier des projets similaires, au début de l'indépendance nationale de l'Algérie, célébrée le 05 juillet 1962. A cet effet, il avait lancé, bien qu'il soit aussi un instituteur d'une expérience d'une quarantaine d'années dans l'enseignement primaire et l'éducation nationale, la première saison de colonie de vacances spécifique que nous désignons par l'appellation de Saison de Colonie Educative de Vacances pour les Enfants de Shouhada Algériens, avec son acronyme SCEVESA.

Avec son expérience dans les activités scoutes, il réfléchit à un projet qui l'avait réalisé à l'indépendance nationale : la première colonie de vacances, spécifique et réservée aux enfants dont les parents sont tombés au champ d'honneur, pendant la guerre de libération nationale (1954-1962).

2- Le projet d'Allel Kahia Tani

Il s'agit d'une idée qu'il avait réalisée, en ces débuts de l'indépendance nationale. Sachant bien l'importance et les valeurs de ces hommes qui, ayant participé à la guerre de libération nationale, ont fait beaucoup de sacrifices, exprimés en devoir vis-à-vis de leur patrie, comme il a été le cas de deux de ses enfants. Parmi ces combattants, il y avait ceux qui sont tombés au champ d'honneur dont certains avaient laissé des enfants, devenus, aux yeux de l'Etat algérien et la population de toute l'Algérie, des orphelins, voire des enfants de Shûhada.

Dans l'esprit d'Allel Kahia Tani, ce projet voulait être une occasion de regrouper quelques enfants de Shûhada et de leur offrir une saison de vacances où la convivialité, l'échange et la distraction sont en compétition. Les activités de loisirs sont présentes, les jeux sont diversifiés et l'apprentissage et la compréhension du vivre ensemble sont rigueur.

Les bonnes habitudes restent à se faire valoir dans les pratiques sociales et humaines du quotidien. L'animation et encadrement se retrouvent en tandem. Cette ambiance permet aux enfants de Shûhada de mettre en avant le pouvoir d'agir dans de bonnes conditions : le respect de l'autre et l'estime mutuelle permettent la mise en valeur d'une pareille ambiance.

Dans ces conditions conviviales et ludiques, ces enfants apprennent l'accomplissement des tâches dans le cadre de défis pendant le temps du déroulement du camp et de la saison de la colonie de vacances. Ils découvrent le goût du plaisir, la passion des pratiques ludiques et l'appréciation des moments de convivialité. L'estime du soi et la confiance en soi sont les objectifs de cette rencontre inter enfants dont les parents sont morts pour l'indépendance nationale de l'Algérie.

ANNEXES

Annexe n° 01

Président

Kahia Allel

Les membres du Nadi Essaada

Taleb Abdeslam

Merzouk Mohamed

Azzouni Ghouti SIT

Azzouni Ghouti ingénieur électricité

Gouar Djelloul

Chafai Mohamed El Hebri

Chafai Mohamed Seghir

Chafai Abderahmane

Kazi Mohamed (aveugle)

Boukli Hassen Boumediene

Mesli Abderahmane (prothésiste dentaire)

Bendimerad Mohamed

Hassaine Bachir

El hassar Mohamed

Belarbi Mohamed

Hadj Allel mohamed Esseghir

Boudjakdji Boumediene dit Diden

Brixi Reguig Abdelhamid

Mesli Hassan

Boukli Hassan Omar, avocat
Mahdad Abdelkader, professeur
Dib Djelloul
Bendaoudi Hmida
Mansouri Mohamed Benslimane
Bensmail Mohamed
Bentchouc Mohamed, comptable
Bentchouk Mustapha
Bentchouk Ghouti
Kahia Tani Mohamed (Hamdane)
Merah Bekkar
Mami Sidi
Belkhoudja Abdelkader
Chaoui Boudghene Abdellah
Benzerga Mohamed
Belkaid
Senousi Mohamed El Hadi
Benachenhou Mohamed
Benaboura Mohamed
Hamidou Mustpha
Yaddoun
Gaouar Ghouti
Dali Youssef Hadj Ali
Taleb Abdeslam ould Abdelkader
Taleb Abdelhamid
Taleb Abdelkrim

Benayad Mokhtar
Benyelles Bachir
Ben hellal Hadji
Benhellal Abdelhamid
Saidi Mohamed
Hadj Slimane Djelloul
Hadj Slimane Benaouda
Kahouadj Boumediens
Kahouadji Mohamed
Dib Abdeslam
Hadj Allel Othmane
Belkacem Touirto
Korso Korghli Mustapha
Chiali Abdelghani
Chalabi Djilali
Bensnan Redouane
Dali Youssef Bachir
Kelyani Habib
Bouayad
Benmostefa Mustapha
Bendimerad Nour Eddine
Benyarou Benali
Taleb Bendiab Abdelhamid
Bentabet Tayeb
Hadj Slimane Kouider
Bensari Souri

Baghli Sid Ahmed
Boudali Mahmoud
Dib Allel
Brixi Reguig Abdelkrim
Bouayad Khouan
Benhabib Mustapha
Si Ali Benali
Bendimerad Mustapha
Mamoun Abderahmane
Malti Mohamed
Etc.
Allel Benaouda , medecin
Abi Ayad Benaouda
Badsi Mohamed
Bendjebour Mohamed
Bentchouk Redouane
Berber Abdelkrim
Bouchama Abderahmane
Charif Ghouti
Dali Youssef Mohamed
Dib Hacen
Hassaine Ghouti
Hassaine Mohamed Seghir
Hassaine Omar
Hassaine Sidi Youb
Kahia Tani Benali dit Allel

Kara Mostefa Mohamed Chems Eddine
Korso Abderahmane

Source : travaux de Hadj Khaled Merzoug

Annexe n° 02

Les membres du Nadi Essaada

Azzouni (les)
Inal (les)
Mahdad Abdelkader
Benmansour professeur
Cheikh Bachir El Ibrahimi
Bendimerad Abdelhamid
Aboubekr Zine El Abidine
Boumediene Fardeheb
Benaboura Kheir Eddine
Bentchouk Ghouti
Bouchama Abderahmane
Hassaine Omar (1900 1972) premier président
Triqui Si Ali (1905 -1989)

Invités (première liste)
Dr Thameur Habib
Monji Slim
Belahouane Allel

Cheikh El Kettani
Moufdi Zakaria

Club Littéraire
Secrétaires Généraux
Plusieurs dont Bouayad Khouane
Bensari Abdeslam
Triqui Ahmed

Gérance assurée par
Dib Hadj
Dib Abdeslam
Bouayad Bachir
Malti Mohamed Seghir
Bensari Mahmoud
Bendimerad Mustapha
Dib Hacene
Bendjeour Mohamed

Invités (seconde liste)
cheikh Ademhamid Ibn Badis
cheikh El Bachir El Ibrahimi
cheikh Larbi Tebessi
Larbi Bouhali (non Boukli Larbi)
Moufdi Zakaria
Alice Sportisse

Pierre Fayet
Tahar Ahmed
Tubert Paul (général)
Safir El Boudali
Capitant René
Ouzeggane Amar
Hireche Abdelkader

Ladghem Bahi (Tunisie)
Brahim El Ketani (Maroc)
Messaoudi Abdelkader (Algérie)

Artistes invités

Rachid Ksentini
Youssef Wahbi
Nada (Egypte)
Badia(Egypte)
Khelifa Belkacem

Annexe n° 03

Les membres du Nadi Essaada

Alabane Azzedine (1931 -1957)

Allel Benaouda , medecin (1898-1980)

Abadji Mohamed (1933-1958)

Abi Ayad Benaouda (1897-1964)

Badsi Mohamed (1911-1979)

Bendimerad Abdelkader (1923-1986)

Bendjebour Mohamed (1893 -1974)

Benmansour Mohamed (1932-1957)

Bensari Mohamed (1897-1975)

Bensari Abdeslam (1922-1978)

Bentchouk Redouane (1925-1980)

Benyelles Adelouahed (1931-1959)

Berber Abdelkrim (1897- ?)

Bouchama Abderahmane ( )

Bouhamed Abdelkader dit Kaddour (1901-1976)

Charif Ghouti (1913-

Dali Youssef Mohamed (1887-1966)

Dib Ahcen (1909-1987)

Haddam Mostefa (1906-)
Hassaine Ghouti (1897-1964)
Hassaine Mohamed dit Ben Ahmed (1903-1970)
Hassaine Mohamed Seghir (1910-1974)
Hassaine Omar (1900-1972)
Hassaine Sidi Youb (1912-1987)
Inal Sid Ahmed (1931-1956)
Kahia Tani Benali dit Allel (1899-1982)
Kahia Tani Mustapha (929-1970)
Kara Mostefa Mohamed Chems Eddine (1923-1983)
Khelil Mohamed El Hassan (1934-1978)
Korso Abderahmane (1908-)
Merad Sabri Mourad (1934-1974)
Merad Nour Eddine (1910-1971)
Moughlam Mustapha (1930-1965)
Tabet Aouel Bensalem (1926-1983)
Taleb Ahmed dit Zizi (1910-1973)
Triqui Ahmed dit Sid Ahmed (
Triqui Ghaouti (1933-1963)
Triqui Si Ali (1905 -1989)
Triqui Mohamed (1928- 1956)
Triqui Sidi Mohamed (1902-1980)
Zmirli Mohamed dit Hamou (1887-1976)

Présidents
Kahia Tani Allel
Hassain Omar
Abi Ayad Benaouda

Secrétaires Généraux

Bouayad Khouan
Bensari Abdeslam
Triqui Ahmed

Gérants
Dib Hadji
Dib Abdeslam
Bouayad Bachir
Bensari Mahmoud
Bendimerad Mustapha
Dib Hacen
Malti Mohamed Seghir
Bendjebour Mohamed

Chouhada

Alabane Azzedine (1931 -1957)
Abadji Mohamed (1933-1958)

Benmansour Mohamed (1932-1957)
Benyelles Adelouahed (1931-1959)
Bouchenak
Bouchenak
Inal Sid Ahmed (1931-1956)
Merad Abdelaziz
Moughlam Mustapha (1930-1965)
Tabet Aouel Bensalem (1926-1983)
Triqui Mohamed (1928- 1956)

Condamnés et

Chiboub Benali
Gueroudj Djilali
Hassain Mansour
Inal-Abdelhalim
Inal Djaafar
Inal Rachid
Triqui Fethi

Détenus

Balaska Ahmed
Bekhoucha Abdelaziz
Belkoudja Mohamed
Benyelles Mohamed

Bouhamed Houari
Bouhamed Mohamed
Charif Ghouti
Haddam Mostefa
Hassain Benahmed
Kahouadji Ghouti
Kazi Abderazzak
Merad Mostefa
Yelles Abdeldjelil
Zemirli Abdelkrim

Invités et personnalités de passage

Cheikh Abdelhamid Ibn Bdis
Cheikh El Bachir El Ibrahimi
Cheikh Larbi Tebessi
Abbas Ferhat
Bouhali Larbi
Moufdi Zakaria
Alice Sportisse
Pierre Fayet
Tahar Ahmed
Tubert Paul (général)
Safir El Boudali
Capitant René

Ouzeggane Amar
Hireche Abdelkader

Artistes invités

Rachid Ksentini
Youssef Wahbi
Nada
Badia
Khelifa Belkacem

Les congressistes invités
Congrès musulman
Congrès des Etudiants Nord Africains (tenue du congrès)

- Ladghem Bahi (Tunisie)
- Brahim El Ketani (Maroc)
- Messaoudi Abdelkader (Algérie)

Dirigeants scoutes du camp 1944
Normaliennes de Chambery (excursion à Tlemcen)

Activités

Théâtre

Chorale (dirigée par Abdelhamid Merad)

Orchestre de musique traditionnelle (Mahmoud Ben Sari)

Activités pédagogiques (cours gratuits)

Sport

Jeux

Sketches improvisés

Danses

Chants

Sport Essada de Tlemcen

Président

Triqui Ahmed

SG

Bendimerad Abdelkader

SGA

Kahouadji Ghouti

VP
Benyelles Abdou
Sekkal Abdelmadjid

Trésorier

Belkhodja Mohamed

Trésorier Adjoint
Abi Ayad Rachid

Assesseurs
Triqui Mohamed
Baghdadli Abdelhafid
Tabet Bensalem
Inal Rachid
Benmansour Mohamed dit Bouadi
Benmansour Mustapha

Equipe
Capitaine Entraineur
Benyelles Abdou

Joueurs
Alabane Azzedine
Abadji Mohamed
Chiboub Abdelkader
Inal Djaafar
Inal Abdelhalim
Baghdadli Ahmed
Mokhtar Mustapha
Bekhchi Mustapha dit Fata
Bakhchi Farouk
Karadja Aman
Mehtari M'hamed
Kasmi Mohamed
Triqui Hadj M'hamed
Merad Sabri Mourad
Triqui Ghaouti

Arbitres

Bendimerad Abdelkader
Baghdadli Abdelhafid

Source : travaux de Sid Ahmed Triki

Annexe n° 04

Benali dit Allel Kahia (1899-1982)

« Né le 14 juillet 1899, il fréquente l'Ecole Décieux jusqu'en 1917 puis l'Ecole Normale de Bouzeréa de 1917à 1920, date à laquelle il occupe son premier poste d'instituteur à Tafessera. Il fait son service militaire de 1922à 1924 puis il est nommé à Tléta (Sebdou) de 1924 à 1927. A Sebdou de 1927 à 1930, puis aux postes suivants :

Ecole Decieux de 1930 à 1931, Ecole de la Gare de 1931 à 1938.

De nouveau à l'Ecole Decieux de 1938 à 1951.

Il devient directeur de l'actuelle Ecole Larbi Tebessi de 1951 à 1956

Il est détaché à l'Inspection académique de 1962 à 1967

Il a mené en dehors de l'enseignement une vie très active.

Il a été président du Nadi Essaada de 1931 de 1931 à 1938, commissaire départemental aux EDF, Directeur de colonie de vacances pendant 30 ans, Conseiller municipal UDMA, permanant au Syndicat d'Iniative du Tourisme (SIT) après sa mise à la retraite. Il est interdit de séjour de 1956 à 1961. Il effectue son pèlerinage à la Mekke en 1977.Il est décédé le 13 octobre 1982 à l'âge de 83 ans. »

Source : Mohammed Morsli Bouayad, op.cit. p176

Annexe n° 05

Chronologie et liste des maitres de la musique andalouse(de l'école de Tlemcen)

Aboura Si Mohamed (1890-1958)
Attar Abdelkader (1872-)
Baghdadli Hadj Hamadi (1797- 1867)
Bedjaoui Mohamed (1904- 36)
Bekhchi Abdelkader (1860- 1918)
Bekhchi Benaouda (1880-1924)
Bekhchi Hassene (1882-1935)
Bekhchi Omar (1884-1958)
Belaghdji Abdeghani (1883-1922)
Belattar Si Mostefa (1886-)

Belattar Sid'Ahmed (1897-)
Belhachemi Hamou (1861-1901)
Belkhodja Mustapha (1917- 68)
Bellahcene Mohammed (1885-1950)
Benaboura Si Mostefa (1875-1965)
Benaboura Sid'Ahmed (1881-1965)
Benchenhou Ghouti (1880- 1934)
Benchenhou Sid'Ahmed (1873- 1923)
Benattou Ménouar (1847-1899)
Benchaabane Mohammed (1853-1914)
Bendi Moussa Mohammed (1815-70)
Benguerfi Mohamed (1916-)
Benkelfat Sid'Ahmed (1875-1930)
Benkebil Boumédiène (1899-1976)
Benkhobza Braham (1829-)
Benmansour Abdellah (1900-1955)
Ben M'saib Hadj Mohammed (1685/-1768)
Benmansour Zine El Abidine (1912-)
Bentabet Mohammed (1897-1947)
Bentata Mohammed (1839-1907)
Bentchouk Kaddour (1890-1942)
Bentriki Ahmed (1650-1749)
Bensahla Boumédiène (XVIII° -1797)
Bensahla Mohammed (XVIII°)
Bensaid Ghomari(1855-)
Bensaid Issâac (1841-1911)
Bensmail Mohammed (1884-1947)
Benyadi Si Mohammed (18866-1952)
Benyacob Braham (1827-)
Berrahma
Bessaoud Hamed (1878-1909)

Bessaoui Mohamed Séghir (1876-1934)
Bouali Mohamed (1917- 98)
Bouali Si Ghouti (1874-1934)
Bouchama Sid'Ahmed (1897-1977
Boukharouba Mohammed El Kébir (1819-92)
Boukli Salah (1946)
Boukli Hassene Hadj Hamadi (1809-59)
Charif Hadj Hammou (1815-84)
Cherif Benmoussa Mohamed (1877-1947)
Chicha Mohamed (1870- 1925)
Chikhi Mohammed (1892-1942)
Chouikhi Khaled (19-)
Choukchou Braham Mohammed (1841- 1902)
Dali Ali Abdelkrim (1914-78)
Dali Yahia Mohammed (1894- 1946)
Dib Abdelkader (1829-71)
Dib Ghouti (1863-1919)
Dib Mohammed (1861-1915)
Dib Mustapha (1857-78)
Djian Nassim (1847-84)
El BarMakhlouf (1848-1913)
El Draï Braham (1879-1964)
El Draï Moïse ould Braham (19 -1960)
En Nadjar Braham (1829-)
Fidah Moro Djelloul (1850-90)
Ghali Benkemoun (1846-96)
Ghomari Mohammed (1842-)
Ghoul Belkacem (1952)
Hadj Amara Mohammed (1808-68)
Kaid Slimane Mohammed (1892-1955)
Kelaidji Aberahim (1880-68)

Kelaidji Si Mohammed (1901-)
Kazi Ghouti (19-63)
Kermouni Serradj Abdelkader (1866-1946)
Lazzouni Ahmed ( )
Lazzouni Ahmed ould Lazzouni (1885-1953)
Lazzouni Ahmed ould Mohammed (1879)
Lazzouni Ali (1805-?)
Lazzouni Benali (1854-1911)
Lazzouni Kada ( )
Lazzouni Mohammed (1819-95)
Lazzouni Mohammed ould Mohammed (1853-1916)
Lazzouni Mohammed ould Ali (1872-)
Lazzouni Hadj Mokhtar (?)
Liahou Ben youcef (1811-56)
Liahou EL Ankri (1814-)
Liahou Ladri (1821-54)
Malti Abdelghani (1921- 91)
Mansour Tani Mohammed (1845- 1912)
Medeghri Moulay Ahmed (1843-1925)
Medelci Ghouti (1847-1921)
Médioni Ichoua (1829-92)
Médioni Israél (1858-79)
Médioni Mouchi (1842-)
Médjadi Mohammed (1899-)
Mesli Mohamed El Amine (1955-2006)
Mesmoudi Si Daoudi (1849-1913)
Mir Hassaine Ali (1813-93)
Mouchi Chloumou (1853-98)
Moula Djilali (1893-1947)
Rouche Mouchoi (1865-1922)

Rouche Makhlouf (1858-1931)
Saber Zenagui Abdelkader (1899-)
Saber Zenagui Abdelkader ould Benali (1876-1926)
Said Mohammed (1849-1903)
Saoud El Médiouni (1814-)
Sari Abdeslam (1876-1959)
Sari Abdeslam (1890-1964)
Sari Ahmed dit Redouan (1914-2002)
Sari Hadj Larbi (1872-1964)
Sari Mohammed (1911-)
Sari M'hammed (1910—82)
Sarmachik Boumédième (1908-)
Sayagh Isaac (1843-1906)
Sekkal Abdelkader (1863-1915)
Sekkal Mohamed dit Abderahmane (1910-85)
Settouti Abdelhamid (1902-40)
Senouci Bereksi mustapha (1919-)
Tabet Tétma (1891-1962)
Teboul Simah (1828-)
Terki Hassaine Mohammed Seghir (1905- 78)
Tchouar Si Mohamed (1865-1942)
Touati Chaloum (1829-98)
Touati Isaac (1847-1912)
Zenagui Mohammed (1829-59)
Zerrouki Bachir ould Djilali (1924-)
Zerrouki Djilali (1839-)
Ziani Chérif Djilali (1873-1939)
Ziani Moulay Djilali (1851-1933)

Table des matières

Printed by Books on Demand GmbH, Norderstedt / Germany